Made in the USA
Las Vegas, NV
11 August 2021

27989844R00111